CHRISTIAN MORGENSTERN

EN EL REINO DE LA /'PUN{T}U-'A'(C)IÓ;N

Ilustrado por Rathna Ramanathan
Traducido del alemán por
Moka Seco Reeg y Alvar Zaid

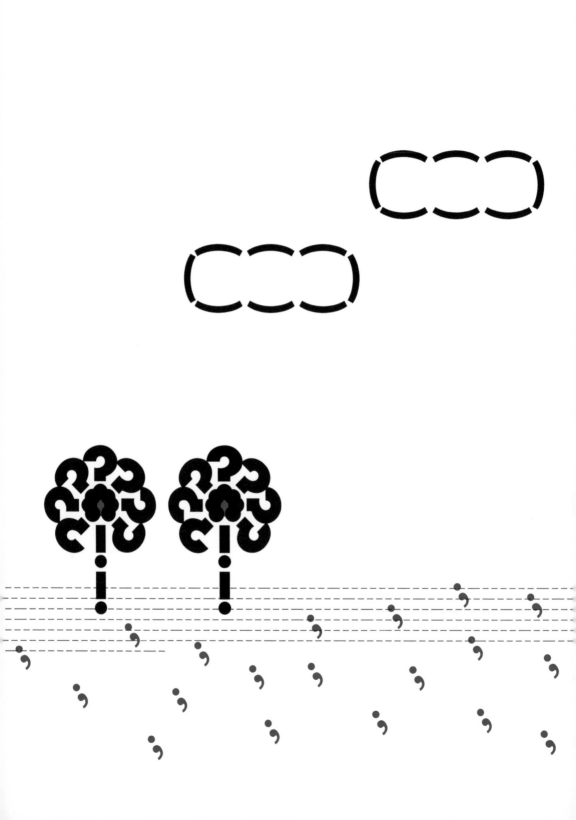

De noche, no todo es relumbrón
en el reino de la Puntuación.

Comas y puntos causan estragos.
Claman: ¡Los punto y comas son vagos!

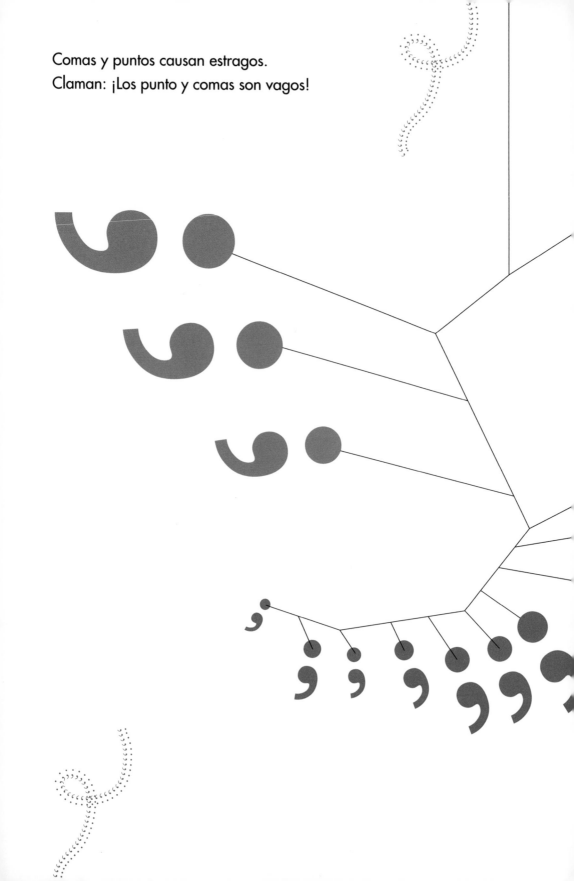

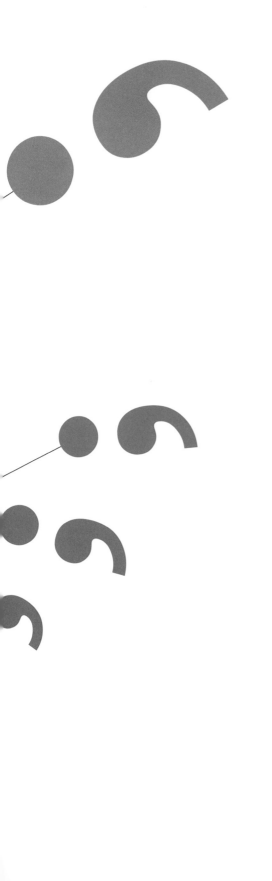

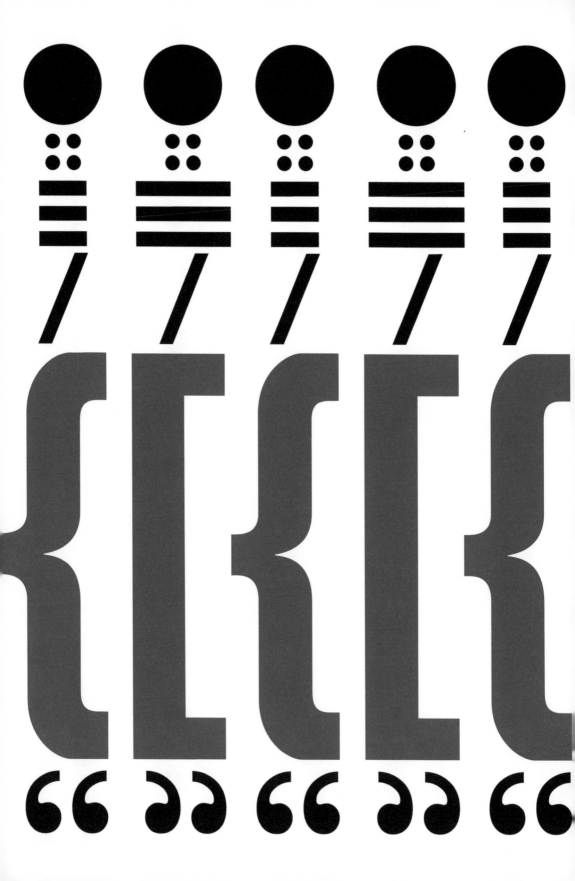

En secreto forman, poca broma,
una coalición anti punto y coma.

Los interrogantes, sin decoro,
se van y hacen mutis por el foro.

Las llaves sofocan a los parias
para acallar sus protestas diarias.

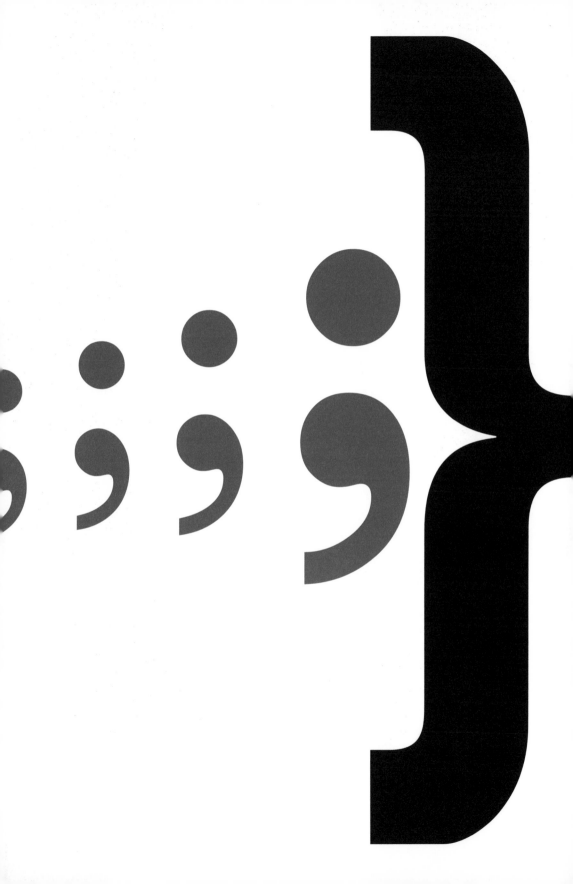

Paréntesis que se abren, de pronto
cierran ante sus caras de tonto.

Y entonces el signo menos, ¡zas!,
les resta la vida en un pispás.

Tras su autoexilio, hay interrogantes
que lloran matanzas tan aberrantes.

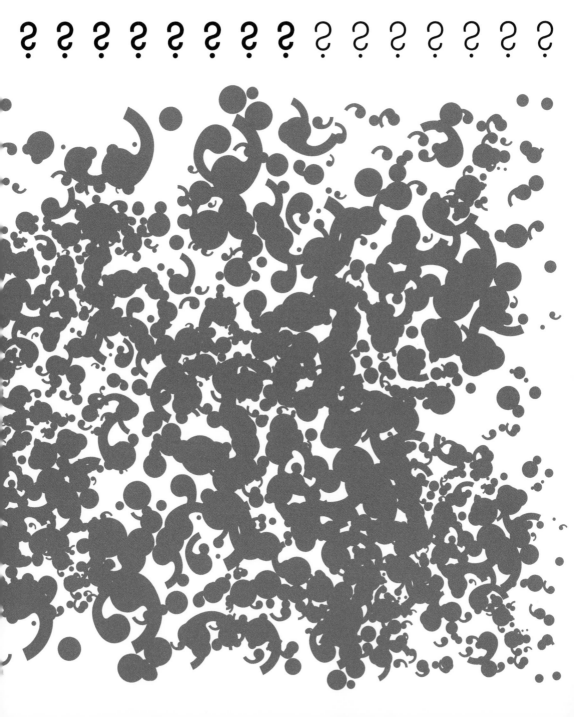

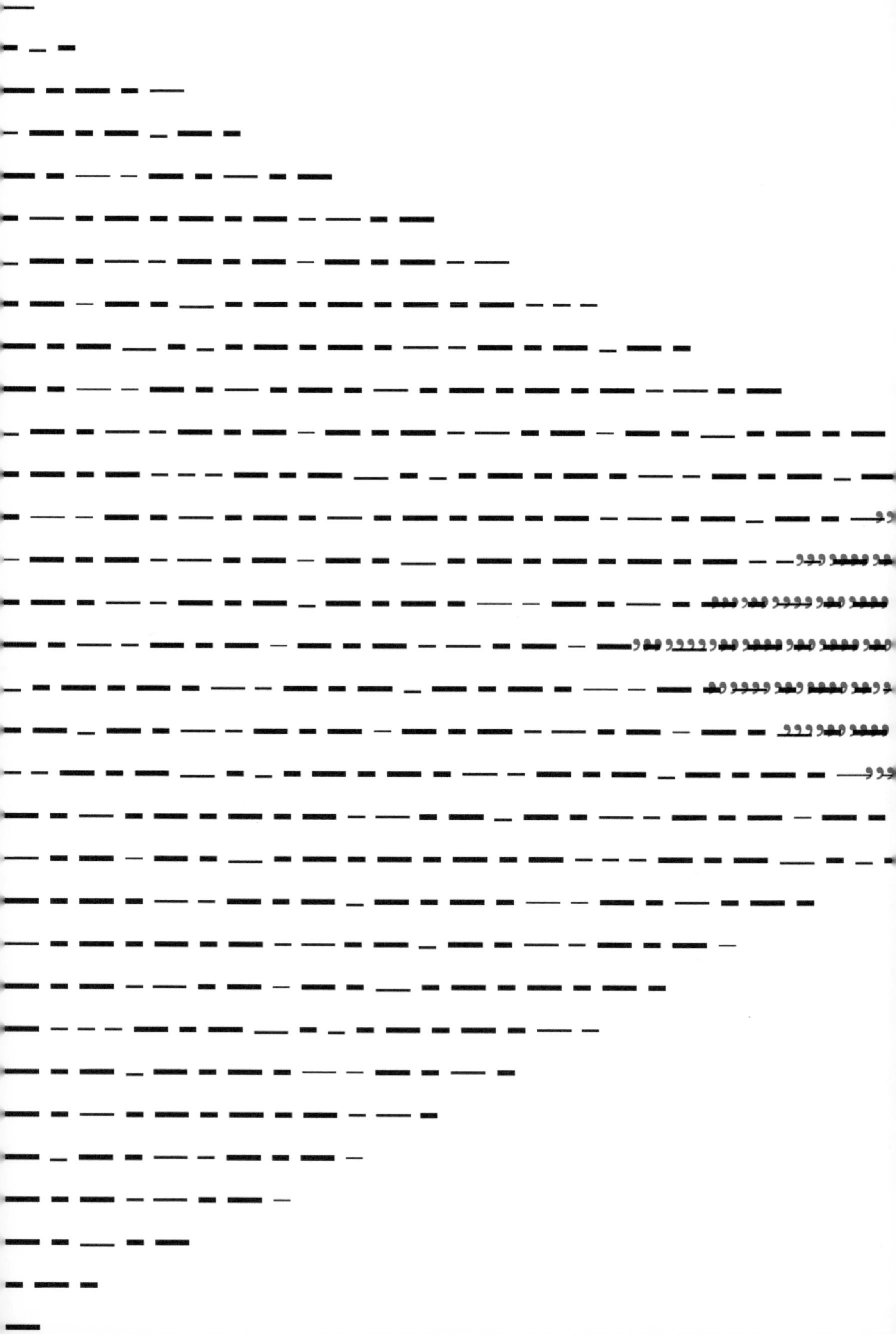

Pero, ¡ay!, una nueva guerra estalla:
atacan a las comas las rayas

—las parten en dos con gran destreza—
a fin de que comas sin cabeza

(para deleite de las matonas)
¡cubran el reino de punto y comas!

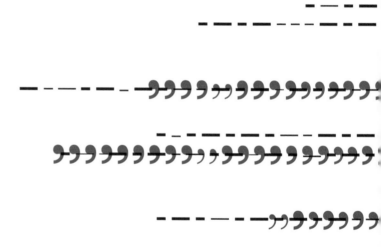

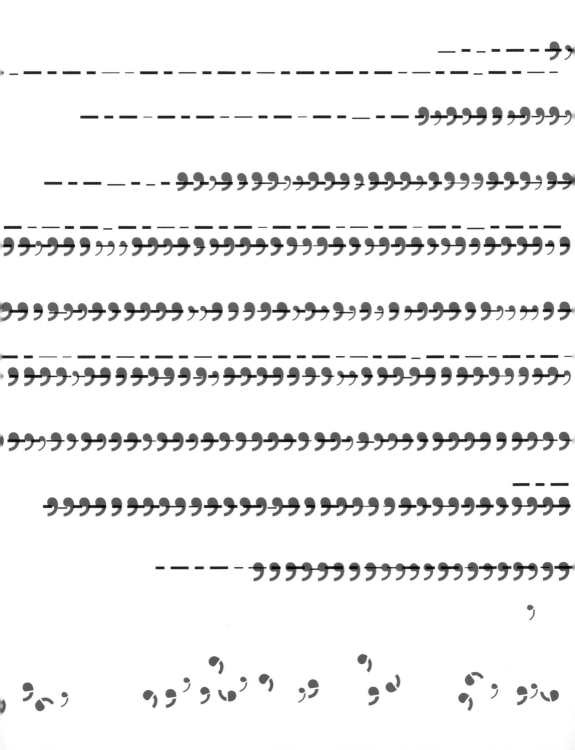

A punto y comas de ambos criterios
llevan a la paz del cementerio.

Las rayas aún en pie, sin complejos,
escoltan el fúnebre cortejo.

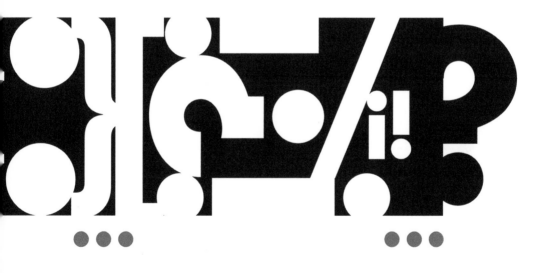

La admiración viste de difuntos
y corea un réquiem con los dos puntos.

Libres de comas tras la batalla,
marchan: punto y raya, punto y raya...

IM REICH DER INTERPUNKTIONEN

Im Reich der Interpunktionen
nicht fürder goldner Friede prunkt:

Die Semikolons werden Drohnen
genannt von Beistrich und von Punkt.

Es bildet sich zur selben Stund
ein Antisemikolonbund.

Die einzigen, die stumm entweichen
(wie immer), sind die Fragezeichen.

Die Semikolons, die sehr jammern,
umstellt man mit geschwungen Klammern

und setzt so gefangnen Wesen
noch obendrein in Parenthesen.

Das Minuszeichen naht und-schwapp!
Da zieht es sie vom Leben ab.

Kopfschüttelnd blicken auf die Leichen
die heimgekehrten Fragezeichen.

Doch, Wehe! neuer Kampf sich schürzt:
Gedankenstrich auf Komma stürztund

fährt ihm schneidend durch den Halsbis
dieser gleich-und ebenfalls

(wie jener mörderisch bezweckt)
als Strichpunkt das Gefild bedeckt!...

Stumm trägt man auf den Totengarten
die Semikolons beider Arten.

Was übrig von Gedankenstreichen,
kommt schwarz und schweigsam nachgeschlichen.

Das Ausrufzeichen hält die Predigt;
das Kolon dient ihm als Adjunkt.

Dann, jeder Kommaform entledigt,
stapft heimwärts, Strich, Punkt, Strich, Punkt...

EN EL REINO DE LA PUNTUACIÓN

De noche, no todo es relumbrón
en el reino de la Puntuación.

Comas y puntos causan estragos.
Claman: ¡Los punto y comas son vagos!

En secreto forman, poca broma,
una coalición anti punto y coma.

Los interrogantes, sin decoro,
se van y hacen mutis por el foro.

Las llaves sofocan a los parias
para acallar sus protestas diarias.

Paréntesis que se abren, de pronto
cierran ante sus caras de tonto.

Y entonces el signo menos, ¡zas!,
les resta la vida en un pispás.

Tras su autoexilio, hay interrogantes
que lloran matanzas tan aberrantes.

Pero, ¡ay!, una nueva guerra estalla:
atacan a las comas las rayas

—las parten en dos con gran destreza—
a fin de que comas sin cabeza

(para deleite de las matonas)
¡cubran el reino de punto y comas!

A punto y comas de ambos criterios
llevan a la paz del cementerio.

Las rayas aún en pie, sin complejos,
escoltan el fúnebre cortejo.

La admiración viste de difuntos
y corea un réquiem con los dos puntos.

Libres de comas tras la batalla,
marchan: punto y raya, punto y raya...

En el reino de la Puntuación

Título original:
Im Reich der Interpunktionen

«En el reino de la Puntuación» es un poema original
de Christian Morgenstern (1871-1914) editado por Sirish Rao
e ilustrado por Rathna Ramanathan
© 2011 Edición original de Tara Books, Chennai, India
Los derechos de este libro fueron negociados
por mediación de la agencia literaria Sea of Stories,
www.seaofstories.com, sidonie@seaofstories.com
© 2011 de la traducción, Thule Ediciones, SL
Alcalá de Guadaíra 26 bajos – 08020 Barcelona

Director de colección: José Díaz
Maquetación: Jennifer Carná
Traducción: Moka Seco Reeg y Alvar Zaid

EAN: 978-84-92595-91-4
D. L.: B-17281-2011
Impreso por Llob 3, Barberà del Vallès

www.thuleediciones.com